AF563583

LETTRE

ENVOYÉE

A MONSIEUR LE COLONEL PARIS

COMMANDANT LE RÉGIMENT DES SAPEURS-POMPIERS
MILITAIRES DE PARIS

ET A MESSIEURS LES CAPITAINES SOUS SES ORDRES

PAR

Le Capitaine retraité SCHREUDER

Quod Cœsare Cœsari, Dei Deo.

Rendre à César ce qui appartient à César
et à Dieu ce qui appartient à Dieu.

MELUN
IMPRIMERIE E. DROSNE, RUE DE BOURGOGNE, 23.

1882

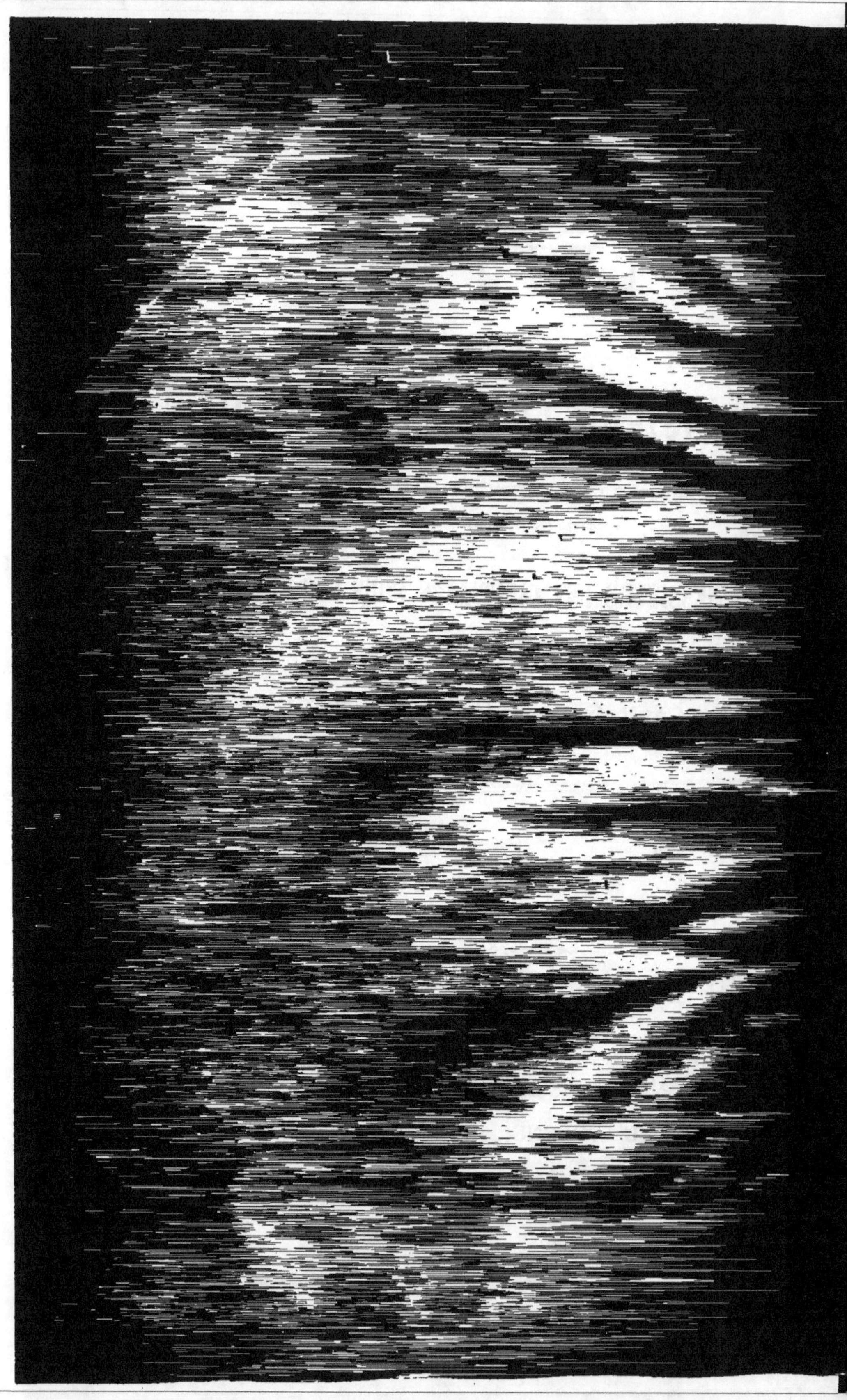

LETTRE

ENVOYÉE

A MONSIEUR LE COLONEL PARIS

COMMANDANT LE RÉGIMENT DES SAPEURS-POMPIERS MILITAIRES DE PARIS

ET A MESSIEURS LES CAPITAINES SOUS SES ORDRES

PAR LE CAPITAINE RETRAITÉ SCHREUDER (1)

MONSIEUR LE COLONEL,

Après avoir servi pendant 33 ans dans l'arme des sapeurs-pompiers militaires de Paris, j'ai été mis en disponibilité par retrait d'emploi à la Révolution de février 1848, et ensuite à la retraite, coupable d'avoir donné des leçons de gymnastique à des Rois et à des Princes.

J'ai quitté Paris pour ne pas tomber sous le stylet d'Italiens formant la garde de Caussidière à la Préfecture de police, misérables envoyés dans les casernes pour exciter les sapeurs à la révolte contre les capitaines ; et je me suis réfugié dans le village de Vaux-le-Pénil, près Melun, que j'habite depuis 33 ans.

Sans occupation, j'ai employé le temps de ma retraite à fonder, dans le département de Seine-et-Marne, ces concours de pompiers civils, imités aujourd'hui dans toute la France, et à mettre l'uniformité dans les pompes. J'ai aussi fondé et rédigé le journal le *Moniteur des Sapeurs Pompiers*, lequel n'a existé que cinq ans, imprimé deux ans chez M. Michelin, à Melun, et trois ans à Paris, chez Paul Dupont. Ce journal n'a cessé de paraître que par les tracas, les tourments qui m'ont été suscités par le préfet de police Piétri, sous l'Empire, ensuite de la dénonciation obscure d'un officier que je m'abstiens de nommer

---

(1) *Quod Cœsare Cœsari, Dei Deo*. Rendre à César ce qui appartient à César et à Dieu ce qui appartient à Dieu.

pour l'honneur du régiment (1), et aussi par l'envahissement de la France par les Allemands.

Ai je besoin, Monsieur le Colonel, de vous faire connaître que j'ai fondé la gymnastique en France, avec le colonel Amoros et le docteur Londe, de l'Académie de médecine de Paris (2), et au corps des Sapeurs-Pompiers de Paris, que vous commandez aujourd'hui avec tant de distinction. Ajouterai-je aussi que j'ai été nommé par le Ministre de la guerre membre de la commission chargée de faire le Manuel de Gymnastique de l'Armée.

A PARIS

J'ai fondé et dirigé la Gymnastique dans les établissements ci-après :

Collège Louis-le-Grand, le 27 août 1829;
Henry IV, le 1er novembre 1831 ;
Saint-Louis, le 15 mars 1836 (3);

Au château de Saint-Cloud et dans d'autres institutions, Savouré, Bourdon, etc.

Le premier en France, j'ai fait tomber le préjugé qui empêchait les jeunes filles de former leur éducation physique. Trois gymnases sont établis et dirigés pour elles par mes soins :

Rue Saint-Antoine, hôtel Sully, pension tenue par les demoiselles Bourdon.

Rue Saint-Louis, pension de Madame Lemaire et demoiselles Moissy.

Rue Saint-Claude, pension de Madame Vincent.

A MELUN

Rue de Bourgogne, pension des Religieuses de la Sainte-Enfance.

---

(1) Lire l'annexe A, lettre qui m'a été envoyée par M. de Bourgoing, préfet de Seine-et-Marne, et ma réponse à cette lettre. Par suite de cette dénonciation, il m'était interdit, dans mon journal intitulé *Le Moniteur des Sapeurs-Pompiers*, de parler sur le personnel et sur le matériel des pompes.

(2) Ce savant médecin, mon ami, mort il y a environ 45 ans, a publié *La Gymnastique médicale*, 1 vol. in-8°, 351 pages, chez Croullebois, libraire, rue des Mathurins, n° 17.

(3) Lire dans l'*Histoire du Collège Louis-le-Grand*, pages 275 et 411, par Emond, l'origine de la fondation, dans ces trois grandes et remarquables institutions, les noms des premiers professeurs qui ont répandu en France la Gymnastique. Durand, libraire, rue des Grès, 3; et Loisel, libraire, rue Saint-Jacques, 53, Paris.

Rue des Fossés, pension des demoiselles Engerser.

Au Collège, rue du Palais-de-Justice.

Institution des Frères (1), Montagne Saint-Barthélemy.

Institution Porchon, rue de Bourgogne.

Institution Durécu, rue des Potiers.

Institution Collot, rue Duguesclin.

Institution du chanoine Cavalier, à Avon, près Fontainebleau.

J'ai donné, au gymnase militaire, des leçons au comte de Chambord et au duc d'Orléans ; au gymnase Henry IV, au duc d'Aumale, au duc de Montpensier, au roi d'Espagne, Francisco de Asi, et à son frère le duc de Séville.

Enfin, j'ai traduit du latin en français, avec le savant Chaumont (2), mon collaborateur, l'ouvrage d'une grande érudition intitulé : **De Arte Gymnastica, ab auctore, par Mercurialis,** indiquant ce qu'était la gymnastique chez les Grecs, les Romains, et les maladies guéries par l'exercice.

Il m'est bien pénible d'être oublié aux fêtes annuelles à la distribution des récompenses pour la gymnastique aux sapeurs ; cependant je crois avoir laissé quelques souvenirs au régiment.

Ce sera pour vous, Monsieur le Colonel, un grand mérite d'avoir fait établir ce que vos prédécesseurs pendant vingt ans, n'ont pas pu *ou plutôt n'ont pas voulu faire exécuter* : les principes contenus dans la très laconique brochure imprimée que j'ai l'honneur de vous faire parvenir, laquelle a été envoyée au colonel Lacondamine, et aux capitaines sous ses ordres, au préfet de police, au préfet de la Seine, à Vienne, Saint-Pétersbourg, Stockolm, dans les principales villes de France et à Londres, où dans cette dernière capitale elle a été mise en œuvre.

N'est-ce pas un mérite pour le régiment des sapeurs-pompiers militaires de Paris, à ajouter à bien d'autres, d'avoir créé et répandu la gymnastique en France, et aussi, Monsieur le

---

(1) Dans cette institution j'ai donné, *Gratis pro Deo,* des leçons pendant 25 ans aux enfants disgraciés de la fortune.
Les machines, engins, ont été fournis par la générosité du savant M. Jacqmin, ingénieur en chef des ponts et chaussées, directeur du chemin de fer de l'Est, un de mes illustres élèves.

(2) Au dire de M. Pierrot de Saligny, proviseur de Louis-le-Grand, M. Chaumont était l'homme le plus instruit du collège.

colonel, d'après votre influence, votre zèle, votre instruction, d'avoir organisé si remarquablement et avec une haute intelligence, le service des incendies à Paris, comme il est indiqué dans la brochure insérée dans le journal l'*Indicateur de Seine-et-Marne*, du 27 octobre 1860 (1).

Le vieux capitaine de quatre-vingt-six ans, désire vous consulter, et recevoir vos conseils sur un travail qu'il se propose de publier avant de passer la barque à Caron.

Mon dernier soupir, Monsieur le colonel, sera pour votre arme que j'ai tant aimée.

Dieu vous garde, mon respect.

SCHREUDER.

Vaux-le-Pénil, près Melun, le 1er Avril 1882.

ANNEXES

A

Melun, le 13 juin 1856.

Monsieur le Capitaine,

Ayant reçu de M. le Préfet de police des observations sur l'article que vous avez inséré dans le *Journal des Sapeurs-Pompiers* (livraison d'avril), je crois devoir vous prier de vous abstenir soit sur le matériel des pompes de Paris dont l'Administration a autorisé l'usage, soit sur le personnel.

Je n'hésite pas à assurer à mon collègue que vous aurez égard à cette recommandation.

Recevez, Monsieur le capitaine, l'assurance de ma considération la plus distinguée.

Le Préfet,

A. DE BOURGOING.

---

(1) Voir annexe C, un extrait de cette brochure.

B

Monsieur le Préfet,

Le *Journal des Sapeurs-Pompiers* a été fondé à Melun, sous vos honorables auspices et à la sollicitation de personnes éclairées, désireuses du bien public. Ma seule pensée, mon seul but en écrivant dans cette feuille a été de faire progresser en France le service des incendies; et j'ai eu soin de ne m'occuper que des questions de principes sans me livrer à aucune personnalité.

Plusieurs de mes articles m'ont fait des ennemis, car ils attaquaient des intérêts déguisés et surtout froissaient indirectement des amours-propres. Le devoir, désintéressé et pénible à remplir que je m'étais imposé, l'ai-je accompli avec assez de ménagement et de circonspection? C'est ce qu'il ne m'appartient pas de décider. Veuillez, Monsieur le Préfet, vous donner la peine de lire les deux articles (Questions à résoudre) des numéros de mars et d'avril, et être mon juge; je m'inclinerai toujours devant la décision d'un magistrat aussi équitable qu'éclairé.

Le premier de ces articles a déterminé M. le commandant des sapeurs-pompiers de Paris, à m'écrire une lettre inconvenante à laquelle j'ai eu la prudence de ne répondre qu'un mois après et seulement lorsque j'ai appris qu'il avait fait une plainte contre moi à M. le Préfet de police, Piétri.

La conduite de cet officier, Monsieur le Préfet, est d'autant plus étonnante à mon égard, qu'il m'a toujours donné le titre d'ami, et que constamment, dans le *Journal des Sapeurs-Pompiers*, j'ai fait son éloge et celui du bataillon qu'il commande.

Au surplus, M. le Préfet, je vous remercie de n'avoir pas douté de la bonne volonté avec laquelle, dans un intérêt de haute convenance, je suis disposé à déférer au désir manifesté par l'administration, quand même je n'en comprendrais pas les motifs.

Je suis, avec un profond respect, Monsieur le Préfet, votre très humble serviteur.

SCHREUDER,
Capitaine retraité.

Vaux-le-Pénil, le 29 juin 1856.

L'annexe **C** qui suit est extraite de la brochure publiée il y a 20 ans dans le *Journal des Sapeurs-Pompiers* et dans *l'Indicateur de Seine-et-Marne*.

Extrait de l'INDICATEUR GÉNÉRAL DE SEINE-ET-MARNE du 27 octobre 1860.

O

PRINCIPES

A SUIVRE

POUR L'ORGANISATION DU SERVICE DES INCENDIES

DANS LES CAPITALES DE L'EUROPE ET DANS LES GRANDES VILLES.

Du matériel.

1° Dans chaque ville il doit y avoir une pompe pour 3,000 habitants.

2° Sur trois pompes, deux sont semblables au modèle adopté par les ministres de la guerre et de la marine ; en outre, elles auront des avant-trains d'artillerie, à deux banquettes, pour y placer un sergent, un caporal et quatre sapeurs ; une de ces deux pompes sera foulante et aspirante, l'autre sera simplement foulante ; elles seront à flèche et à traverse, avec un palonnier à deux bâtons pour être traînées à bras dans les incendies rapprochés des casernes ; elles seront attelées aux avant-trains d'artillerie par une cheville-ouvrière et mues par des chevaux pour les incendies éloignés de plus d'un kilomètre.

La troisième pompe fonctionnera par la vapeur ; elle débitera trois et même quatre fois plus d'eau que la pompe ordinaire ; elle ne sera mise en action que dans les incendies considérables ; elle sera construite, actuellement du moins, sur le principe adopté à Cincinnati (Amérique)*, et confectionné par M. Lattas.

3° Il doit y avoir, pour le premier secours, au moins trois tonneaux d'eau pour chaque pompe ; ils ont, comme les pompes,

* Le Gouvernement ne pourrait-il pas mettre au concours un modèle de pompe à incendie mû par la vapeur et du moindre volume possible !

Nous apprenons, au moment de mettre sous presse, que M. Flaud, ingénieur-mécanicien d'un grand mérite, élève de l'Ecole des arts, construit en ce moment (sans doute d'après nos observations à la Société de l'Ecole des arts) une pompe à incendie qui sera mue par la vapeur. L'ingénieur Flaud demeure à Paris, rue Jean-Goujon, 27, Champs-Elysées.

flèche, palonnier et avant-train d'artillerie, mais à une seule banquette, pour y placer un caporal et deux sapeurs. Chaque tonneau est muni de cent cinquante seaux en toile ; les tonneaux suivent les pompes qu'ils alimentent.

4° Il y a dans chaque caserne un chariot à flèche et à avant-train d artillerie construit de manière à contenir une boîte de secours pour les blessés, un brancard, une blouse pour préserver des gaz délétères (inventée par le capitaine-ingénieur Mayniel), des boyaux ou demi-garnitures de rechange, des pelles, pinces ou leviers, pioches, fourches, haches, cordages d'amarre avec chaînes en fer, cric, etc., enfin tous les engins accessoires au service des incendies.

5° Les casernes, autant que possible, doivent être situées de manière à diviser la ville à des distances égales.

6° Il en est de même de la division des petits postes, par rapport aux casernes.

7° Dans chaque caserne est construite une cave assez spacieuse pour contenir les tonneaux d'eau pendant les fortes gelées ; ces tonneaux seront montés et descendus de la cave par un escalier fait en spirale, afin d'établir une pente douce.

8° Les officiers seront à cheval.

9° La moitié des chevaux pour le service des pompes et des tonneaux sont constamment harnachés, pour, qu'en cas d'incendie éloigné, ils soient immédiatement attelés aux avant-trains.

10° Du monument le plus central et le plus élevé de la ville il est établi un télégraphe, avec des conducteurs électriques communiquant avec chaque caserne, lesquelles sont également reliées entre elles par le même système. Un veilleur et un officier ou sous-officier sont en permanence sur ce point élevé, afin de transmettre, par l'électricité, les ordres en cas d'incendie. Un règlement est établi à cet effet.

11° L'état-major est logé dans une caserne, au télégraphe central.

12° Il est établi un manuel *complet* et *sérieux* de l'art de se rendre maître des incendies. Ce manuel traite de l'exercice régulier de la pompe et des tonneaux, des différents sauvetages, tels que écroulements de maison, inondation, éboulement de terrain, sauvetage maritime, explosion, etc. ; de la construction des maisons (maçonnerie et charpente) ; de la manière de faire les nœuds, de la physique et de la chimie appliquées aux incendies, de certaines connaissances médicales, ou premiers secours, en attendant l'arrivée du médecin. Les pompes, les tonneaux et tous les engins qui s'y rattachent seront dans ce manuel, gravés avec une grande précision et cotés avec soin (plan, élévation et coupe). On y traitera aussi des causes des incendies par les combustions spontanées, de la gymnastique, seulement spéciale pour les escalades et les sauvetages des personnes, etc.

13° Les conduites d'eau de la ville sont établies de manière à débiter assez d'eau pour l'alimentation des pompes à vapeur.

Du personnel.

14° Il y a au moins deux cents sapeurs-pompiers pour une population de cent mille âmes.

15° Les sapeurs-pompiers sont divisés en nombre égal dans chaque caserne.

16° Ils sont commandés, depuis le grade le plus élevé, par des officiers pris dans l'arme. Pour passer officier, on subit un examen sévère sur les connaissances spéciales de l'arme. (Un règlement est établi à cet effet).

17° Le corps est soumis à la discipline militaire. (Sans discipline, il ne peut exister ni instruction ni extinction d'incendie.)

18° Un sapeur-pompier ne pouvant rendre d'utiles et bons services dans les incendies qu'après quatre années d'études et de manœuvres, on ne pourra entrer dans l'arme qu'en contractant un engagement de dix ans.

Tant qu'on ne suivra pas, pour le matériel, l'instruction et le personnel, ces principes généraux, indiqués laconiquement et assez imparfaitement, le service des incendies sera fait d'une manière illusoire, et sera, ce qu'il est à peu près partout, une lettre morte.

SCHREUDER,

Capitaine retraité des sapeurs-pompiers de l'armée ; créateur président honoraire de la Société de l'École des arts, chevalier de l'ordre de la Légion d'honneur et de Charles III d'Espagne, médaille d'honneur.

Vaux-le-Pénil, près Melun, le 20 *décembre* 1859.

Melun. — Imp. E. DROSNE, rue de Bourgogne, 23.

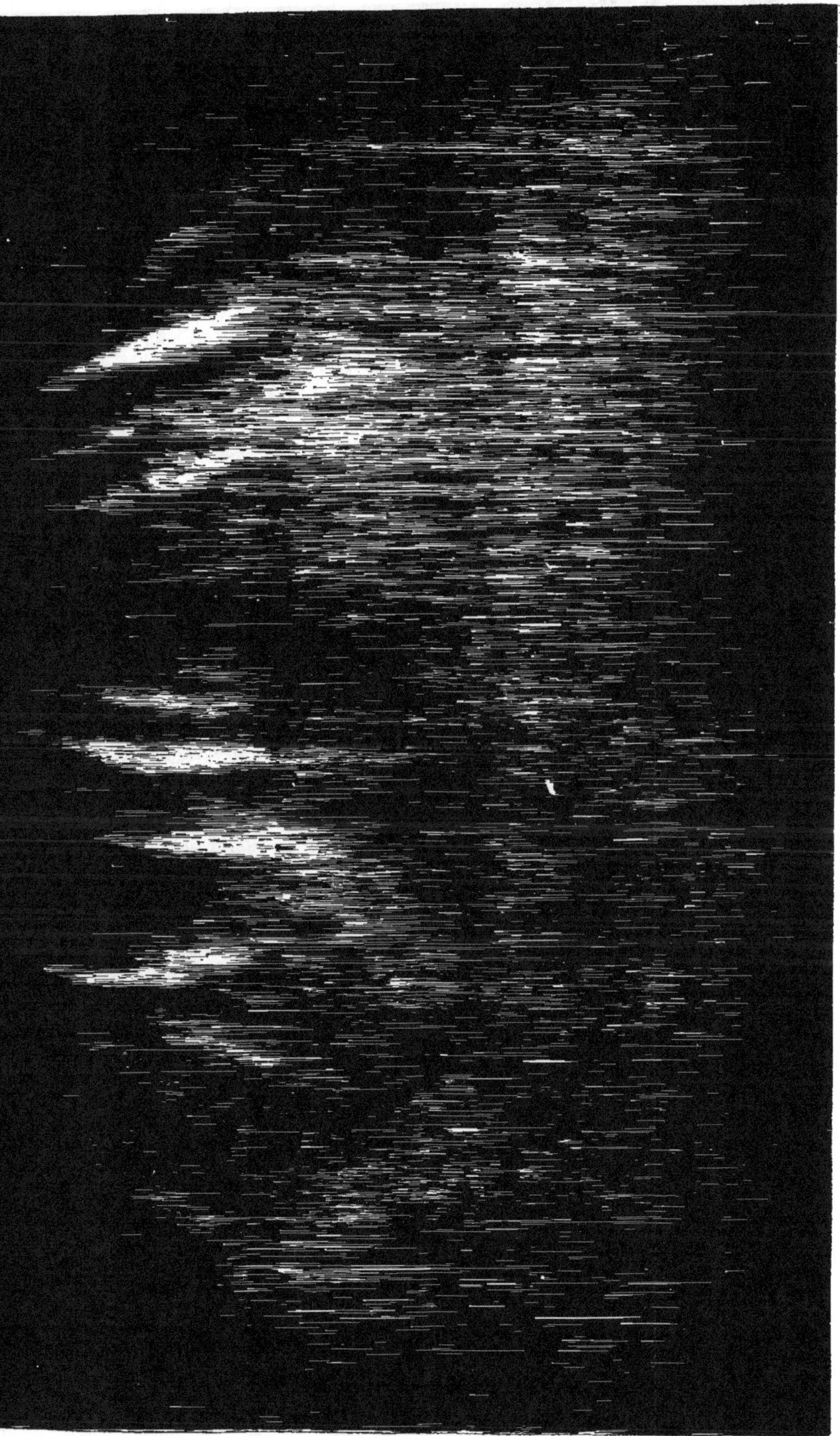

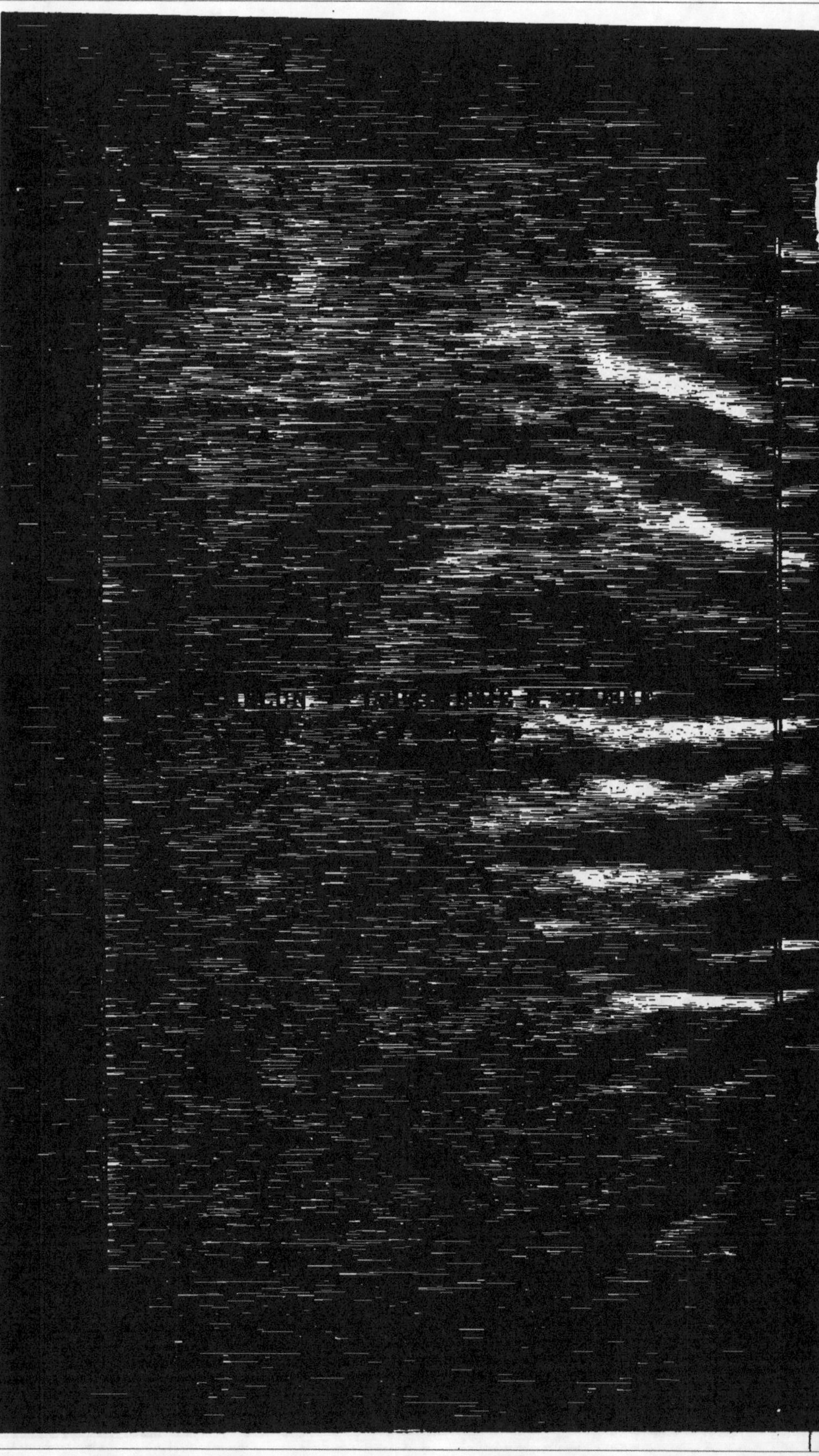

www.ingramcontent.com/pod-product-compliance
Lightning Source LLC
LaVergne TN
LVHW010338230826
846091LV00009B/3933

* 9 7 8 2 0 1 9 9 5 8 3 0 5 *